# LOGE CHAP∴
## DE
# ST.-PIERRE DES VRAIS AMIS
## CANTIQUES.

1848.

# CANTIQUES
# MAÇONNIQUES

CHANTÉS PAR

## LE F∴ M. DELAHAYE,

A diverses Fêtes solsticiales

DE LA L∴ CHAP∴

### SAINT-PIERRE DES VRAIS-AMIS,

Or∴ de Paris.

---

Imprimé en recueil par décision de ce R∴ At∴
en 1843.

## PARIS.

IMPRIMERIE DE BOURGOGNE ET MARTINET,

RUE JACOB, 50.

---

1843.

A ma Mère-Loge.

# CANTIQUES MAÇONNIQUES.

## LA L∴ D'ADOPTION.

Air : Au sein d'une fleur.

Il faudrait être Anacréon
Pour présider à votre fête ;
Les Grâces, dont il tient son nom,
L'ont choisi pour leur interprète :
A vos charmes, à vos vertus
Lui seul rendrait un digne hommage ;
Mes Sœurs, il plairait d'autant plus
Qu'il était fait à votre image.

Esprit sensible et délicat,
Beau, plein d'amour et de génie,
Comme il eût rehaussé l'éclat
D'une telle cérémonie !

Poëte et convive brillant
Aux fêtes du Péloponnèse,
Où porterait-il le talent,
S'il célébrait une Française ?

Je crois l'entendre sur son luth
Chanter de vous un pur éloge,
Et vous payer le doux tribut
Qu'ici vous doit toute la Loge !...
Inspiré par Ève et l'amour,
Il peint le jardin de délices,
Et du fruit du charmant séjour
Il nous fait cueillir les prémices.

Quand Ève quitta de l'Eden
La demeure délicieuse,
Elle nous fit perdre un jardin
D'une possession douteuse :
Tôt ou tard quelque fruit croqué
Devait nous valoir cette chance ;
Les serpens n'auraient pas manqué,
Ni d'autres Èves, je le pense.

Mais au milieu de vous, mes Sœurs,
Qui captivez si bien nos âmes,

A quoi bon des fruits et des fleurs?
Qu'est un jardin auprès des femmes?
Ève a perdu le Paradis :
En êtes-vous donc moins bien faites?
Vous nous l'avez rendu depuis.....
Le Paradis est où vous êtes.

## LA MAÇONNERIE.

Air: Voilà, voilà le vieux soldat.

L'homme sur cette terre
A peu de vrais besoins,
Et pour les satisfaire
Il lui faut peu de soins.
Aussi, dans sa détresse,
Veut-on le secourir?
Vertu passe richesse;
Un denier peut s'offrir.
Il suffit qu'on paraisse
Sur mon sort s'attendrir,
Et je me sens bien moins souffrir.

On laisse à l'opulence
Le soin de protéger
La timide indigence ;
Courons la soulager.
Un Maçon qui découvre
Un frère malheureux
N'attend pas que l'on ouvre,
Pour être généreux,
Sur la liste du Louvre
Un crédit fastueux ;
Il donne vite, et donne mieux.

O Franc-Maçonnerie !
On te doit des autels ;
Dans les maux de la vie
Tu charmes les mortels.
Attentive et modeste,
Par ton heureux secours,
Plus d'un projet funeste
S'arrêta dans son cours ;
Combien ta main céleste
A dû sauver de jours !
Sois de la terre les amours.

## LA CHAINE D'UNION.

AIR : Francs buveurs, que Bacchus attire.

Francs-Maçons, frères de Saint-Pierre,
Dans ce banquet si bien unis,
Observons la règle et l'équerre,
Et nous resterons vrais amis.

Notre Loge cinquante années
A su déjà se maintenir ;
Je ne crois pas ses destinées
En nos mains prêtes à finir.

Si parfois quelque trouble altère
Notre commune intimité,
Parmi nous que le meilleur frère
Rappelle la fraternité.

Voyez-vous ces Loges brillantes
Aujourd'hui tomber en sommeil,
Et d'autres qui, moins éclatantes,
N'auront pas l'espoir du réveil ?

Sur leur sort prenez votre exemple ;
Éloignez la contagion ;
Au-dehors comme au sein du Temple,
Formez la chaîne d'Union.

## TOUT ET PARTIE.

AIR : De la pipe de tabac.

Pour fêter aujourd'hui saint Pierre
Nous voudrions au rendez-vous
Voir arriver la Loge entière,
Nos plaisirs seraient bien plus doux ;
Mais puisqu'on goûte dans la vie
Rarement des plaisirs parfaits,
Contentons-nous d'une partie,
Le tout viendra peut-être après.

Nos lois ont voulu que les dames
Fussent admises parmi nous ;
Car on sait bien que sans les femmes
Les plaisirs sont toujours moins doux ;

Près d'un Frère une Sœur chérie
Devrait orner tous nos banquets ;
Avec la plus belle partie
Le tout pourrait venir après.

Dans les affaires de ce monde
La table est un point capital,
Et c'est sur cela que se fonde
Notre bon frère l'Admiral ;
La sienne est noblement servie
En bon vin ainsi qu'en bons mets ;
Oui, mais chez lui point de partie
Sans que le tout ne vienne après.

## LES MÉDAILLES.

Air : Sur tout on a fait des chansons.

Quand Saint-Pierre des Vrais-Amis
A cette fête nous convie,
En parfait accord réunis
Nous chantons la Maçonnerie.
Si je n'avais peur que l'on dît :
Pauvre auteur, hélas ! tu rimailles,
Au risque de manquer d'esprit,
J'oserais chanter vos Médailles.

Un conquérant au nom fatal,
Ivre du succès de ses armes,
Fait graver sur un vain métal
Ses lauriers qu'arrosent nos larmes;
Là s'offrent les traits du vainqueur,
Ici d'immenses funérailles :
On peut montrer avec honneur
Les deux côtés de vos Médailles.

Le sang du peuple a cimenté
Ces monuments si grandioses
Où l'injuste postérité
Va chercher ses apothéoses.
Les Francs-Maçons n'auront jamais
D'autels pour le dieu des batailles;
Leur Temple en vertus, en bienfaits
Est figuré sur vos Médailles.

Les bienfaiteurs du genre humain,
Trop rares pourtant dans l'histoire,
N'attendent pas que sur l'airain
Clio burine leur mémoire.
Qu'importe Hénin, Dacheux, Paillet,
La gloire avec ses prétintailles!
Comme Benoits, Gendre et Lœulliet,
Contentez-vous de vos Médailles.

Et vous, aujourd'hui décorés
Des Médailles de notre Loge,
Vous êtes assez honorés
Pour vous passer de mon éloge ;
Le bien et le mal parmi nous
N'ont que de douces représailles ;
Aussi, Francs-Maçons montrez-vous
Toujours dignes de vos Médailles.

## LA FAMILLE.

Air : Tout va d'fil en aiguille.

Que j'ai de plaisir à vous voir,
Frère à côté de Frère,
Venir aujourd'hui vous asseoir
Au banquet de Saint-Pierre !
Avec la douce liberté
Partout ici la gaîté brille,
Et l'on s'y trouve en vérité
Au sein de sa famille.

Qui ne verrait avec transport
Sous la même bannière

Tant de Maçons qu'un même accord
Réunit à Saint-Pierre ?
Ainsi qu'une moisson d'épis,
Par le nombre Saint-Pierre brille,
Et nul ne compte autant d'amis
Dans la grande Famille.

Toujours habile à découvrir
Les cœurs faits pour se plaire,
L'amitié prend soin de choisir
Les membres de Saint-Pierre.
Sans peur de se mésallier,
Par l'amitié Saint-Pierre brille,
Et les frères de l'Atelier
Ne font qu'une famille.

Quand un profane parmi nous
A reçu la Lumière,
Qu'il se montre fier et jaloux
D'être enfant de Saint-Pierre;
Qu'il soit semblable à nos anciens,
Par nos anciens ce Temple brille.....
Saint-Pierre reconnaît les siens
A leur air de famille.

La Loge doit au bon saint Jean
L'intention première
De la Fête que deux fois l'an
Nous faisons à saint Pierre.
Saint Jean, voilà notre Patron;
Qu'à notre Orient saint Jean brille;
Mais saint Jean, saint Pierre, un Maçon,
C'est toujours la famille.

## LES VERTUS MAÇONNIQUES.

Air: Brennus disait aux bons Gaulois.

Amour, honneur, respect à toi,
Noble et sainte Maçonnerie!
Le monde entier reconnaît dans ta loi
La plus belle philosophie.
Frères, chantons réunis tous en chœur:
A la maçonnerie amour, respect, honneur!

Des voûtes brillantes des cieux
Pour notre bonheur descendue,
Quand nous étions divisés, malheureux,
A la terre elle est apparue.

A sa suite la Liberté,
Brisant le joug du Privilége,
La Tolérance et la Fraternité
Des Vertus lui font un cortége.

Soit qu'elle verse à pleines mains
Les trésors de sa bienfaisance,
Soit qu'elle éclaire et forme les humains,
Tout se ressent de sa présence.

C'est elle qui, dans ce beau jour,
Vient entre nous former la chaîne
De sympathie et de ce vif amour
Qui l'un vers l'autre nous entraîne.

## LE DESSERT.

Air: Une fille est un oiseau.

Mes frères, dans vos banquets,
Vous le savez, sans étude,
J'ai contracté l'habitude
De rimer quelques couplets :
C'est grâce à votre indulgence

Que, chanteur de circonstance,
Aujourd'hui je recommence,
Et sans être plus expert;
Si je m'abuse, qu'importe?
J'imagine que j'apporte
Mon petit plat de Dessert.

Le cantique sérieux
Est fort bien; mais, à ma guise,
Il n'est pas toujours de mise
A table, en banquet joyeux;
La chanson alerte et vive
Inspire à chaque convive
Une gaîté qui ravive
Et qui tient le cœur ouvert.
Le cantique est trop mystique;
La chanson, quand on mastique,
Est le vrai plat de Dessert.

Qu'un Frère, dans la douleur,
Vienne d'une voix flétrie
Au banquet qui nous convie
Implorer pour son malheur:
Soudain chacun à sa vue

Se sent l'âme tout émue,
La joie est interrompue....
Quel tribut doit être offert ?
Aussitôt la Bienfaisance
Recueille pour l'Indigence
Le plus beau plat de Dessert.

Si l'un de vous, par vertu,
Dévoûment, philanthropie,
A su distinguer sa vie,
Son mérite est reconnu ;
Un autre au serment fidèle,
Lorsque le devoir l'appelle,
A-t-il signalé son zèle ?
En Loge rien ne se perd.
Des récompenses bien chères
Forment de la main des Frères
Un nouveau plat de Dessert.

## LES MÉDAILLES DU G∴ O∴

Air : Du preux sans reproche et sans peur.

Au sage Nestor des Maçons,
Chéri de la Grande Famille,

Qui fit tant aimer ses leçons
Avec les Contes à ma fille,
A l'auteur du drame attachant,
Du philantrhope de Versaille,
Mes frères du Grand Orient,
A Bouilly donnez la Médaille.

Au Pythagore de nos temps,
S'il est encor des philosophes,
Au savant frère Des Etangs,
Qui fit école aux Trinosophes,
Pour tous ceux qui, sous son maillet,
Apprirent comment on travaille,
Donnez, pour tout ce qu'il a fait,
A Des Etangs une Médaille.

A ce Maçon, votre soutien,
Et de l'Ordre entier la ressource,
Qui vingt ans a tenu si bien
Et votre plume et votre bourse,
Qui, vainqueur ou vaincu, toujours
Coucha sur le champ de bataille,
A ce Frère de bon secours,
A Morand donnez la Médaille.

Aux frères d'Isis-Montyon,
En qui le feu sacré réside,

Si dignes de ce double nom,
De cette double et noble égide ;
Aux Maçons qui, de la vertu
Que le monde profane raille,
Prêchent le culte méconnu,
Mes frères, donnez la Médaille.

Au médiateur de la paix,
Qui vint sur le sol de l'Afrique
Planter près du drapeau français
Une bannière maçonnique ;
Utile et généreux colon,
Qui sut ajouter une maille
A notre chaîne d'Union,
A Descous donnez la Médaille.

A ce brave enfant de Rethel
Qui, dès son début dans la vie,
Grandit tout d'un coup sur l'autel,
L'autel sacré de la Patrie ;
A l'heureux ami de Benoits
Donnez... Mais tout mon corps tressaille...
Donnez... Ah ! je n'ai plus de voix...
A Perrin, donnez la Médaille !

## L'AFFILIATION.

Air de l'Enfer de Béranger.

Vite un cantique
Au grand Patron
De l'Ordre maçonnique,
Et qu'à ce nom
Tout vrai Maçon
S'arme d'un flacon
    De Mâcon
       Bon !

C'est à bon droit
Que l'on boit
A saint Jean qui reçoit
Saint Pierre et saint Auguste ;
Qu'au Paradis
   Ces amis
Retournent d'ici gris,
Et nous comme de juste.

Jadis de vin
Un roi plein

A fait dans un festin
Tomber ce saint aimable ;
Nous aujourd'hui
   Près de lui
Recherchons un appui
Pour nous tenir à table.


Au grand gala
   De Cana,
Lorsque le vin manqua,
L'eau trahit la Bourgogne ;
Jean et Jésus
Feront plus ;
La Seine de ce jus
Inondera Boulogne.


Sages et fous
   Venez tous,
Courons au rendez-vous,
Allons, vite en carrosse ;
De leurs faveurs
Nos deux Sœurs
Vont enivrer les cœurs :
Les Maçons sont de noce.

Fêtons en chœur
 Du meilleur,
Frères, de notre cœur
Le jour qui nous rassemble ;
Qu'un gai refrain,
 Verre en main,
Nous retrouve demain :
Nous sommes bien ensemble.

Dans tous les temps
 Triomphants
Ah ! puissent vos enfants,
Saint-Auguste et Saint-Pierre,
 S'affilier
 Par millier,
Croître, multiplier,
Maçonniser la terre !

De nos chansons
 Bannissons
De trop graves leçons,
Si vous voulez m'en croire ;
 La Liberté,
 La Gaîté,
Devant l'Austérité
N'osent point assez boire.

## LES TROIS SOEURS.

Air : Femmes, voulez-vous éprouver.

Trois Sœurs un jour se mariaient :
A Boulogne on faisait la noce.
Versailles, Paris arrivaient
Gaîment à la file en carrosse.
Quand tout le monde fut venu,
Point de figures étrangères;
Chacun fut bientôt reconnu,
On se trouvait tous Sœurs et Frères.

On voyait les Frères et Sœurs
Conviés à ces fiançailles,
Entremêler dans leurs couleurs
Boulogne, Paris et Versailles.
Versailles, Boulogne, Paris
Avaient confondu leurs bannières;
On était tous de vrais amis,
On se trouvait tous Sœurs et Frères.

Au temps d'Ève et du bon Adam,
Voilà comme on faisait des noces;

On doit remarquer, cependant,
Qu'on n'y venait point en carrosses;
Celle-ci... (mais je suis discret;
On était là tous Sœurs et Frères!)
Eh bien, gardez-en le secret,
Elle eut tous ses petits Mystères.

## LE LOUVETEAU.

Air : Le joli carillon.

Par esprit plus que fraternel,
La Loge, à chaque fête,
Me laisse, chanteur éternel,
Vous étourdir la tête;
Mais je veux dans ces couplets,
Faisant parler les muets,
Vous prouver que se taire
N'est pas petite affaire,
Et dussé-je mal faire,
Je chante vos bienfaits.

A nous votre art ingénieux,
Digne abbé de L'Épée,

Sicard, Paulmier, Puybonnieux,
A nous votre pensée !
Ce pauvre enfant dont les traits
Sont si doux et si parfaits,
La Loge le confie
A votre main amie,
Répandez sur sa vie
Quelques nouveaux bienfaits.

Prodige de l'esprit humain !
Étonnante merveille !
Vous lui parlerez par la main,
L'œil sera son oreille.....
Et pourtant, tristes regrets !
La voix d'un Frère jamais
Ne viendra palpitante,
Dans son âme contente,
Toucher la fibre aimante
D'où naissent les bienfaits.

Viens, jeune Petot, qu'aujourd'hui
La Loge te contemple ;
Te voilà fort de son appui ;
Ton asile est son temple ;
Tous les cœurs sont satisfaits

Du plaisir que tu nous fais ;
Il manque ici ton père ;
Mais bientôt notre frère
Reviendra, je l'espère,
Achever ces bienfaits.

Peut-être un jour votre Lowton,
Privé de la parole,
Sera, précieux rejeton,
Le Massieu de l'école.
Que les plus heureux effets
Répondent à nos souhaits ;
Qu'il prospère en science,
Sagesse, intelligence :
C'est la reconnaissance
Qu'il doit à vos bienfaits.

## UN MAÇON.

Air : Tant qu'il reste une goutte encore.

A l'œuvre on juge l'ouvrier ;
Courage ! redoublons de zèle.
La Loge au travail nous appelle,
Enfants de ce digne Atelier.

Nous avons travaillé déjà
Et sur l'une et sur l'autre pierre ;
Mais regardez, malgré cela,
Notre longue et belle carrière,
Généreux amis de Saint-Pierre :
Tant qu'il reste du bien à faire,
Un Maçon doit être là,
Un Maçon est toujours là.

Vous avez séché bien des pleurs,
Calmé bien des cris de détresse ;
Il faut que la pitié renaisse,
Quand renaissent tant de douleurs.
Oui, la veuve se consola,
Grâce à votre appui tutélaire ;
Oui, l'orphelin se rappela
Dans vos bontés celles d'un père ;
Mais n'en est-il plus sur la terre ?
Tant qu'il reste du bien à faire,
Un Maçon doit être là,
Un Maçon est toujours là.

Ce Maçon, ce pauvre vieillard,
Jouet de tristes destinées,
Chargé de misère et d'années,
Qui finit sa vie au hasard ;

Et ce voyageur qui s'en va
Chercher un ciel plus débonnaire ;
L'ami, le Frère que voilà,
Qui lutte contre un sort contraire,
Ah ! vous entendez leur prière !...
Tant qu'il reste du bien à faire,
Un Maçon doit être là,
Un Maçon est toujours là.

## L'AN 1842.

###### Air d'une ancienne contredanse.

Vive mil huit cent quarant'-deux !
C'est gentil d'se r'trouver ensemble :
L'vieux sentiment qui nous rassemble,
Le v'là d'un an encor plus vieux.

Chez nous, chez les Francs-Maçons
L'amitié se perpétue,
Pour d'autres le temps la tue ;
Sans danger nous vieillissons.
Vive, etc.

Les nouveaux et les anciens
Confondent ici leur âge ;
Entre nous tout se partage,
Peines, plaisirs, maux et biens.

Nous n'avons pas quarante ans,
Jeunes et vieux pris en somme :
Ainsi la Loge est un homme
Plein de force en tous les temps.

Mais, par un autre calcul,
Conservant la quarantaine,
La Loge atteint la centaine,
Et profite du cumul.

Puisque, loin de t'affaiblir,
Digne Loge de Saint-Pierre,
Le temps grandit ta carrière,
Moi, j'aime à nous voir vieillir.

C'est par son antiquité
Que l'Ordre des Maçons brille ;
C'est la plus vieille famille
De toute l'humanité.

Gloire à nos prédécesseurs
Qui, traversant les années,
Ont laissé nos destinées
Pures à leurs successeurs.


Honneur aux nouveaux Elus,
Officiers et Néophytes !
Nous fondons sur leurs mérites
Des espérances de plus.


Aux travaux manquent nos Sœurs,
C'est chose grave..... Sans elles
Point de Loges éternelles ;
Mais leur temple est dans nos cœurs.


Ah ! Si vous pouviez, contents,
Me dire : « Dans nos archives,
Vieux, nous voulons que tu vives, »
Je vivrais assez longtemps.

## LE TRAVAIL.

*Sur le refrain connu.*

C'est un péché que la paresse ;
Pour le bien de l'humaine espèce,
Mes amis, travaillons sans cesse :
    C'est pour ça
    Que Dieu nous créa.

Enfants de la Lumière,
Frères de Saint-Pierre,
Sur la double Pierre
Venez travailler ;
Travailler et se taire,
Voilà le mystère
De notre Atelier.
Si la Règle sévère,
Le Compas austère,
La rigide Equerre
Guident l'ouvrier,

Il peut comme bon Frère
Trouver son Salaire
Dans son Tablier.
C'est un péché, etc.


Le travail n'est pas mince :
Le Maillet, la Pince,
Le Ciseau qui grince,
Ont un sage emploi ;
La Pioche, la Truelle,
Ce couple jumelle,
Ont aussi leur loi :
Instrument de la tête,
Le Crayon apprête
Et la Planche arrête
Quelque Plan nouveau ;
S'il le faut, par le Glaive
Le Maçon s'élève
Au juste Niveau.


Travaillons à détruire
Tout ce qui peut nuire,
Ou bien à construire
L'utile et le grand.

La base au cœur se trouve,
C'est par là qu'on prouve
Qu'on est Maçon franc ;
Travaillons, bons apôtres,
Chez nous, chez les autres,
Surtout chez les nôtres
A l'Œuvre royal ;
Mais le noble édifice
Qu'il faut qu'on bâtisse.....
C'est l'homme moral.

## LE CHAPITRE.

AIR : Rions, chantons, aimons, buvons.

Aux banquets d'hiver et d'été
J'apporte toujours mon cantique ;
Mais je n'ai pas encor chanté
Dans une Agape maçonnique.
J'ai peur même de l'essayer,
Car vous pouvez, malgré mon titre,
Me dire, Frère chevalier,
Vous n'avez pas voix au Chapitre.

En Chapitre on peut disposer
Du droit de parler et d'écrire ;
On peut discuter, proposer ;
On peut tout faire, on peut tout dire :
Pour chanter, c'est bien différent,
On supprime le libre arbitre,
Et, fût-on notre Président,
On n'aurait pas voix au Chapitre.

Nous avons emprunté les lois
De nos grades capitulaires
Aux Ordres fameux d'autrefois,
Religieux ou militaires ;
Eh bien, parmi ces grands seigneurs,
Si fiers du casque et de la mître,
L'histoire dit que les chanteurs
Avaient toujours voix au Chapitre.

Pour revenir au temps passé
Des chevaliers et des chanoines,
Mes frères, je n'ai pas pensé
A vous faire soldats ou moines.
On peut chanter, sans contredit,
Mieux que l'Évangile et l'Épître,

Et le frère Adolphe Nourrit
Aurait plus qu'eux voix au Chapitre.

Sans être ambitieux d'honneurs,
Mais toujours jaloux de vous plaire,
J'aime à célébrer les faveurs
Que reçoit votre secrétaire.
Son Olympe est votre Atelier,
Le Mont-Parnasse est son pupitre;
Et sa gloire de Chevalier
Suffit, s'il a voix au Chapitre.

FIN.

www.ingramcontent.com/pod-product-compliance
Lightning Source LLC
Chambersburg PA
CBHW060518050426
42451CB00009B/1040